BEI GRIN MACHT SICH IHR WISSEN BEZAHLT

- Wir veröffentlichen Ihre Hausarbeit,
  Bachelor- und Masterarbeit

- Ihr eigenes eBook und Buch -
  weltweit in allen wichtigen Shops

- Verdienen Sie an jedem Verkauf

Jetzt bei www.GRIN.com hochladen
und kostenlos publizieren

Vergleich von psychologischen Modellen im Bereich Verhalten und Entwicklung

Bibliografische Information der Deutschen Nationalbibliothek:

Die Deutsche Nationalbibliothek verzeichnet diese Publikation in der Deutschen Nationalbibliografie; detaillierte bibliografische Daten sind im Internet über http://dnb.d-nb.de abrufbar.

ISBN: 9783346805898
Dieses Buch ist auch als E-Book erhältlich.

Druck und Bindung: Books on Demand GmbH, Norderstedt Germany
Gedruckt auf säurefreiem Papier aus verantwortungsvollen Quellen

Das Buch bei GRIN: https://www.grin.com/document/1321846

Einsendeaufgabe

Alternative A- Gesundheits- und Umweltpsychologie

abgegeben am 22.12.2022

SRH-Fernhochschule

Modul: Gesundheits- und Umweltpsychologie

Studiengang: M.Sc. Psychologie

Inhaltsverzeichnis

Abbildungsverzeichnis

Tabellenverzeichnis

Abkürzungsverzeichnis

DEFRA	Department for Environment, Food, Rural Affairs
EASA	European Union Aviation Safety Agency
IFEU	Institut für Energie- und Umweltschutz
TPB	Theorie des geplanten Verhaltens
TPP	Transtheoretische Modell
UBA	Umweltbundesamt

Aufgabe 1

1.1 Transtheoretisches Modell der Verhaltensänderung

Das Transtheoretische Modell der Verhaltensänderung (Transtheoretical Model, TTM) wurde ursprünglich Ende der 70er Jahre von Prochaska und DiClemente zur Raucherentwöhnung entwickelt (Keller, 1999). Das TTM gehört zu den sogenannten dynamischen Stufen- bzw. Stadien Modellen[1] denen die kontinuierlichen bzw. linearen Prädiktionsmodelle[2] gegenüberstehen. Die Stadien- bzw. Stufenmodelle postulieren, dass Menschen sich stufenweise entwickeln. Auf jeder Stufe wirken unterschiedliche Einflüsse und Faktoren. Die Personen reagieren in jeder Stufe nur auf die für sie passenden Reize und können nach erfolgreicher Bewältigung in die nächste Stufe wechseln. Letztlich ergibt das Durchlaufen von mehreren Stadien das Zielverhalten, wie z.B. mehr sportliche Betätigung. Zentraler Punkt ist, dass jede Person nur in ein Stadium zugeordnet werden kann, die durch entsprechende „Mindsets" (Gefühle und Gedanken) gekennzeichnet sind. Es kann auch zu Rückfällen kommen. Als zentrales Element sind die Stufen bzw. Stadien der Verhaltensänderung, auch ´stages of change` genannt, die die zeitliche Dimension einer Verhaltensänderung abbilden (Prochaska, DiClemente & Norcross, 1992). Es gibt 6 Stufen, wie in Abbildung 1 dargestellt:

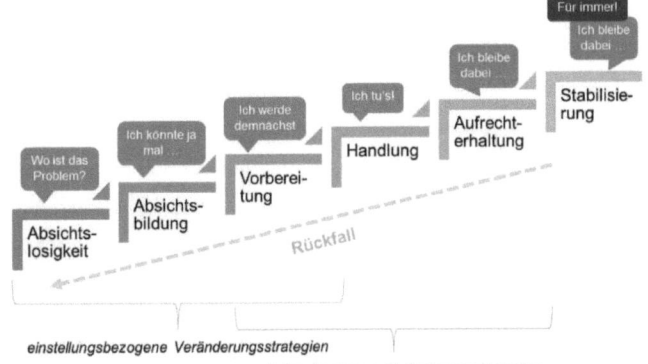

Abbildung 1: Stufen der Verhaltensänderung des TTM   (Quelle: BZgA, 2021)

---

[1] wie z.B. das sozial-kognitive Prozessmodell gesundheitlichen Handelns (HAPA) von Schwarzer (1992) oder das Prozessmodell präventiven Handelns (PAPM) von Weinstein & Sandmann (1992). [2] wie z.B. Individual Health Modell (HBM) von Becker (1974), Interpersonal Health Modell (Social Cognitive Theory) Bandura (2004).

In der ersten Stufe *Absichtslosigkeit* zeigen Personen keine Motivation ihr problematisches Verhalten zu ändern. In der zweiten Stufe, der *Absichtsbildung*, entwickeln die betroffenen Personen eine Absicht ihr Verhalten zeitnah verändern zu wollen. Im Stadium der *Vorbereitung* haben Personen konkrete Pläne oder Vorstellungen, wie sie das Problemverhalten verändern möchten und treffen konkrete Vorbereitungen für die Umsetzung. In der Phase der *Handlung* werden die Betroffenen aktiv und wenden passende Strategien an, ihr Verhalten positiv zu verändern. In der Stufe der *Aufrechterhaltung* setzen Personen ihr verändertes Verhalten bereits eine längere Zeit um und haben ihr problematisches Verhalten aufgegeben. Hier kommt es häufiger zu Rückfällen, da Personen kein Durchhaltevermögen besitzen und wieder auf anfängliche Stufen zurückfallen. Sollte die Aufrechterhaltungsstufe erfolgreich sein, kann von *Stabilisierung* gesprochen werden. Dann ist die Verhaltensänderung geglückt (Keller, 1999; Prochaska, Redding & Evers, 2015, S.125-138). Allerdings ist es umstritten, ob diese Stufe für alle Verhaltensweisen erreichbar ist (Finne & Gohres, 2020, S.149).

Außerdem bedient sich das TTM vieler Wirkmechanismen und Strategien unterschiedlicher psychotherapeutischer Ansätze, wie beispielsweise kognitiven Konstrukten. Die sogenannten Verhaltensstrategien, auch ´*processes of change*` genannt, beschreiben wie eine Veränderung passiert und welche kognitiven, affektiven oder verhaltensorientierten Strategien ausschlaggebend sind, um die nächsten Stufen zu erreichen. Durch die Konstrukte der Entscheidungsbalance und Selbstwirksamkeit lassen sich die Entwicklungsprozesse der Verhaltensänderung innerhalb der Stufen noch differenzierter abbilden (Keller, Kaluza & Basler, 2001). Die Entscheidungsbalance wägt die Vor- und Nachteile einer Verhaltensänderung ab und zieht sich so eine Kosten- Nutzen- Bilanz (Keller, 1999). Die Selbstwirksamkeit hingegen beschreibt die subjektive Überzeugung der eigenen Kompetenzen die Verhaltensänderungen, auch unter widrigen Umständen, bewältigen zu können und das Risikoverhalten in Zukunft zu unterlassen (Bandura, 2004; Schwarzer, 1992).

1.2 Stufen und Strategien der Verhaltensänderung

Die Stufen des TTM wurden im Kapitel 1.1 bereits kurz erläutert und werden nun an den Beispielen der gesundheitsschädigenden Verhaltensweisen des Rauchens und des Bewegungsmangels ausführlicher beschrieben.

Absichtslosigkeit: In diesem Stadium rauchen und bewegen sich Personen nicht und machen sich auch keinerlei Gedanken darüber. Sie haben nicht vor ihr Verhalten in absehbarer Zeit zu verändern. Sie ignorieren ihr Problemverhalten. Die Absichtslosigkeit kann damit erklärt werden, dass die Betroffenen keine ausreichenden Informationen oder Konsequenzen über das Risikoverhalten haben und die Auseinandersetzung mit der Thematik meiden. Personen werden in dieser Stufe oft auch als Unmotivierte beschrieben. Die Stufe wird als die stabilste Stufe des Modells angesehen. Ohne Aktivierung der Betroffenen mit passenden Interventionen wird die Wahrscheinlichkeit eher gering ausfallen, dass die Personen in die nächste Stufe gelangen (Keller, Kaluza & Basler, 2001; Keller, Weimer-Hablitzel, Kaluza & Basler, 2002).

Absichtsbildung: Das Risikoverhalten ist nach wie vor unverändert. Die Betroffenen rauchen und bewegen sich nicht, aber ihnen ist bewusst, dass Rauchen und Bewegungsmangel die Gesundheit schädigen. Daher beginnen sie sich mit dem Thema „Wie werde ich Nichtraucher?" sowie „mehr körperliche Bewegung" auseinander zu setzen. Sie planen innerhalb von 6 Monaten mit dem Zigaretten rauchen aufzuhören und sich mehr körperlich zu bewegen. Beispielsweise haben sie vermehrt Berichte oder Dokumentationen im TV gesehen, wie schädlich Rauchen und Bewegungsmangel sind. Welche negativen Folgen damit einhergehen. Die Gedanken und Gefühle der Betroffenen sind von einer gewissen Ambivalenz geprägt und es scheint immer noch eine Balance zwischen Vor- und Nachteilen zwischen dem Risikoverhalten und dem Zielverhalten zu geben. Auch diese Stufe ist sehr stabil, da Betroffene sehr lange darin verweilen können (Keller, Kaluza & Basler, 2001; Keller, Weimer-Hablitzel, Kaluza & Basler, 2002).

Vorbereitung: Die Betroffenen haben fest vor ihr Zielverhalten innerhalb von 30 Tagen zu verändern. Sie bereiten sich intensiv auf das Nicht-Rauchen und die körperliche Aktivierung vor. Sie leiten bereits anfängliche Schritte ein, um ihr Zielverhalten realistisch anzugehen. Die Raucher könnten sich beispielsweise Dokumentationen übers Rauchen und dessen gesundheitliche Folgen angesehen haben und die Betroffenen mit Bewegungsmangel haben sich bereits bei einer Laufgruppe angemeldet oder haben sich einen Crosstrainer bestellt. Diese Stufe entsteht folglich aus der Handlungsintention und legt die Weichen für erste Handlungsschritte. Vordergründig ist jedoch die intentionale Entscheidung, dass sie ihr Risikoverhalten positiv verändern oder ablegen wollen. Allgemein ist die Vorbereitungsstufe weniger stabil. Die Betroffenen verweilen ca. 30 Tage in dieser Durchgangsstufe (Keller, Kaluza & Basler, 2001; Keller, Weimer-Hablitzel, Kaluza & Basler, 2002).

Handlung: Die Betroffenen sind aktiv dabei ihr Risikoverhalten zu reduzieren oder abzulegen. Die rauchende Person hat das Rauchen eingestellt. Zur Erleichterung könnte diese Person Anti-Rauch-Kaugummis oder Pflaster verwenden, sich in einer Selbsthilfegruppe anmelden, Anti-Rauchlektüren lesen usw. und befindet sich nun in einer Abstinenzphase für die nächsten 6 Monate, dass auch die Abgrenzung zur Vorbereitungsstufe darstellt. Die Person deren Alltag mit Bewegungsmangel geprägt war, hat nun viele bewegungsfördernde Elemente in ihren Alltag eingebaut. Beispielsweise nimmt sie zwei Mal wöchentlich an einer Laufgruppe teil, sie erledigt kleine Besorgungen nur noch zu Fuß und trainiert an ein oder zwei Abenden in der Woche bei einem Online-Fitness-Anbieter (Keller, Kaluza & Basler, 2001; Keller, Weimer-Hablitzel, Kaluza & Basler, 2002).

Aufrechterhaltung: Die Betroffenen haben ihr Risikoverhalten 6 Monate erfolgreich umgesetzt. Das heißt, sie haben nicht mehr geraucht und haben mehr Bewegung in ihren Alltag eingebaut. Die Stufe ist eine aktive Phase, in der das Zielverhalten weiter umgesetzt wird und die Strategien weiter Anwendung finden. Zusätzlich sollten Maßnahmen zur Rückfallprophylaxe wahrgenommen werden (Keller, Kaluza & Basler, 2001; Keller, Weimer-Hablitzel, Kaluza & Basler, 2002).

Stabilisierung: Die Betroffenen haben es geschafft ihr Zielverhalten zu erreichen und in Zukunft beizubehalten. Die Rückfalltendenz sinkt mit der Dauer der Aufrechterhaltung des Zielverhaltens, wie auch die Studie von Keller (1999) bei Rauchern bestätigte. Die Studie zeigte bei 12-monatiger Rauchabstinenz, dass ca. 37% der Personen rückfällig wurden und nach 5 Jahren waren es nur noch 7%. Dies beweist, dass die Festigung des Zielverhaltens mit der Aufrechterhaltung immer weiter voranschreitet, bis es zur Stabilisierung kommt (Keller, Kaluza & Basler, 2001; Keller, Weimer-Hablitzel, Kaluza & Basler, 2002). Im Folgenden werden die Veränderungsstrategien in Tabelle 1 dargestellt. Die Strategien unterstützen die Betroffenen auf dem Weg ihrer Verhaltensänderung.

Prozesse (processes of change)	PC	C	P	A	M
Kognitiv-affektive Prozesse					
Steigern des Problembewusstseins (*"consciousness raising"*)	X	X			
Emotionales Erleben (*"dramatic relief, emotional arousal"*)	X	X			
Neubewertung der persönlichen Umwelt (*"environmental reevaluation"*)	X	X			
Selbstneubewertung (*"self-reevaluation"*)		X	X		
Wahrnehmen förderlicher Umweltbedingungen (*"social liberation"*)		X	X		
Verhaltensorientierte Prozesse					
Selbstverpflichtung (*"self-liberation, commitment"*)			X	X	
Nutzen hilfreicher Beziehungen (*"helping relationships"*)				X	X
(Selbst-) Verstärkung (*"reinforcement management, reward"*)				X	X
Gegenkonditionierung (*"counterconditioning"*)				X	X
Kontrolle der Umwelt (*"stimulus control"*)				X	X

Erklärung: PC= Präkontemplation; C= Kontemplation; P= Präparation; A= Aufnahme; M= Aufrechterhaltung; x= theoretisch sollen diese Prozesse in den entsprechenden Stufen helfen, um in die nächste Stufe zu wechseln (Prochaska et al., 1992).

Tabelle 1: Strategien und ihre theoretische Wirksamkeit in den Stadien
(Quelle: In Anlehnung an Lippke & Renneberg, 2006, S.51)

Es lassen sich zwei übergeordnete Kategorien einteilen: die kognitiv-affektiven Prozesse und die verhaltensorientierten Prozesse (Prochaska, DiClemente & Norcross, 2003; Biddle & Mutrie, 2001). Nach Prochaska et. al (2003) gehören zu den kognitiven Strategien das Steigern des Problembewusstseins, das emotionale Erleben, die Wahrnehmung der persönlichen Umwelt, die Selbstbewertung und das Wahrnehmen förderlicher Umweltbedingungen. Und zu den verhaltensorientierten Strategien zählen die Selbstverpflichtung, der Nutzen hilfreicher Beziehungen, die (Selbst-)Verstärkung und die Gegenkonditionierung sowie die Kontrolle der Umwelt. Nach Marks, Murray, Evans und Willig (2000) beziehen sich die kognitiv-affektiven Strategien vorwiegend auf subjektive Bewertungsprozesse sowie das emotionale Erleben. Diese Form der Strategie ist insbesondere für Personen in den ersten drei Stufen entscheidend. Die verhaltensorientierten Strategien zeigen sich hingegen nach Keller (1999) meist im beobachtbaren Verhalten.

1.3 Empfehlungen eines Gesundheitscoachs

Ein Gesundheitscoach kann Klienten in der Praxis beraten und sie auf ihrem Weg zur Verhaltensänderung unterstützen. Nachdem der Coach durch eine anamnestische Befragung des Klienten herausgefunden hat, in welcher Stufe der Klient sich aktuell befindet, kann er sich den in Kapitel 1.2 genannten Strategien bedienen und passende Interventionen einleiten bzw. vorschlagen. Der Vorteil dieser Einteilung liegt darin, dass der Gesundheitscoach die Personen dort abholen kann, wo sie gerade in ihrem Verhaltensänderungsprozess stehen. Es findet folglich auch keine Überforderung statt, dass eher zu Abwehr und Resignation führen würde. Zusätzlich sollte der Coach auch die Konstrukte der Entscheidungsbalance und der Selbstwirksamkeit berücksichtigen und in den Prozess einbauen, da diese unterstützend wirken können. (Lippke & Renneberg, 2006, S.47). Nachfolgenden werden zur besseren Übersicht in Tabelle 2, anhand der Beispiele eines Rauchers und eines Bewegungsmuffels, die möglichen Interventionen bzw. Empfehlungen eines Gesundheitscoachs für die entsprechenden Strategien benannt.

Kognitive-affektive Strategien	
Steigern des Bewusstseins	Schauen von aufklärenden Dokumentationen oder lesen von Infobroschüren für ein rauchfreies Leben und mehr körperliche Bewegung.
Emotionales Erleben	Bei Rauchern wäre Angst vor Lungenkrebs oder Gefäßkrankheiten zu nennen und bei Bewegungsmangel stünden Sorgen um Übergewicht, Ausdauerprobleme sowie Diabetes oder Herz-Kreislauf-Krankheiten im Vordergrund.
Neubewertung der persönlichen Umwelt	Wahrnehmen der positiven Veränderungen durch Rauchstopp und körperliche Aktivität für die Familie, den Lebenspartner, die Arbeit oder auch den Freundeskreis.
Selbstneubewertung	Visionierung der eigenen Veränderungen und positiven Auswirkungen auf den eigenen Körper (z.B. Gesundheit, Geldersparnis).
Wahrnehmen förderlicher Umweltbedingungen	Interesse an Angeboten, wie Selbsthilfegruppen, Laufgruppen, Fitness Studios, Endlich-Rauchfrei-Vorträge Veränderung des Freundeskreises u.v.m.
Verhaltensorientierte Strategien	
Selbstverpflichtung	Entscheidung treffen, Vorsatz zur Verhaltensänderung (z.B. aufhören mit Rauchen; mehr Bewegung) vornehmen und Vorsatz mit anderen teilen.
Nutzenhilfreicher Beziehungen	Ärztlichen Rat einholen, Fitness Coaches oder Gesundheitsexperten befragen. Gleichgesinnte finden und von Erfahrungen profitieren.
(Selbst-)Verstärkung	Sich selbst belohnen, wenn Verhaltensänderung beispielsweise 14 Tage gut funktioniert hat.
Gegenkonditionierung	Ersatz für altes Laster finden (z.B. einen Bonbon lutschen statt Zigarette rauchen oder Fitnesseinheit statt auf der Couch liegen). Ablenkung und Integration gesunder Verhaltensweisen.
Kontrolle der Umwelt	Meiden von Rauchern oder Zigarettenrauch. Bei Bewegungsmangel meiden von Bewegungsmuffeln und feste Bewegungszeiten (z.B. Bewegungstagebuch) im Alltag umsetzen. Weniger KFZ-Nutzung.

Tabelle 2: Empfehlungen zur Verhaltensänderung eines Gesundheitscoachs

(Quelle: Eigene Darstellung)

1.4 Forschungsstand des Transtheoretischen Modells

Die Stufenmodelle haben in den letzten 20 Jahren an Popularität in der Forschung und Praxis gewonnen, besonders in der Gesundheitsförderung. Die Modelle bieten eine Zeit- und Aufwandsersparnis bei gleichzeitiger Effizienzsteigerung, da für jede Stufe passende Strategien eingesetzt werden können und es wird keine Zeit vertan mit unpassenden Unterstützungsangeboten. Dieses Prinzip bzw. Vorgehen nennt sich Matched Designs. Die Befundlage der stadienspezifischen Strategien weisen jedoch Schwierigkeiten auf. Es sind kaum Studien zu finden, die diese Annahmen testen. Zum anderen geben Studien die matched-mismatched Designs untersuchen, nur beschränkte Informationen darüber, was die von ihnen untersuchte, „matched" Intervention konkret beinhaltet hat (Adams & White, 2005; Brug, Conner, Harré, Kremers, McKellar & Whitelaw, 2005). Abschließend wird nun der Forschungsstand zur Bedeutung der Veränderungsstrategien je nach Stufe und Verhaltensziel (Raucherentwöhnung, Sporttreiben, Ernährungsverhalten) diskutiert.

Eine Metaanalyse von Rosen (2000) untersuchte 47 Studien, ob sich die Verhaltensänderungen bei problematischen Gesundheitsverhalten (z.B. Rauchen, ungesunde Ernährung oder Bewegungsmangel), wie im TTM vorgegeben, verändern. Im Bereich Rauchstopp konnten Unterschiede in den Stufen gefunden werden. Es zeigte sich, dass vermehrt kognitiv-emotionale Prozess auf den Stufen 1-3 und vermehrt verhaltensorientierte Prozesse auf den Stufen 4-6 wirksam wurden. Bei dem Risikoverhalten ungesunde Ernährung und Bewegungsmangel wirkten kognitiv-emotionale sowie verhaltensorientierte Prozesse von den Stufen 1-5. Der Wissenschaftler merkt an, dass Langzeitstudien relevant wären, um genauere Aussagen treffen zu können. Die Prozesse des TTM könnten jedoch als Mediatoren für Veränderungen angesehen werden. Im Review von van Sluijs, van Poppel und van Mechelen (2004) analysierten sie die Effektivität stufenbasierter Interventionen zum Thema Lebensstiländerung wie Rauchen, Ernährung und Bewegung in der Primärversorgung. Die Forscher kamen zu dem Entschluss, dass es nur eine geringe Evidenz für die Effektivität stufenbasierter Interventionen in diesem

Setting gibt. Sie fassten die Ergebnisse von 14 Raucher-Studien, 13 Bewegungsstudien und 5 Ernährungsstudien zusammen. Allerdings weisen die Autoren darauf hin, dass die eingesetzten Methoden sowie die Interventionen in Bezug auf die Intensität sehr heterogen waren. Die Studien zeigten, dass weder kurz-, mittel- oder langfristig Stufenveränderungen in Bezug auf das Bewegungsverhalten zu verzeichnen waren. In einer Metaanalyse zum Thema Ernährungsmodifikation von Contento et al. (1995) zeigten die Wissenschaftler auf Basis von 217 Studien, dass die Informationsvermittlung über den Fettgehalt bestimmter Nahrungsmittel nur zu einer Verhaltensänderung führt, wenn die Intervention an bereits motivierte und veränderungswillige Personen gerichtet wurde. Die Autoren äußern sich kritisch über die alleinige Vermittlung von Informationen, da sie zur Motivationsentwicklung nicht ausreichen. Marshall und Biddle (2001) zogen in ihrer Metaanalyse von 91 unabhängigen Stichproben 71 veröffentlichte Studien ein, die körperliche Bewegung mithilfe des TTM untersuchten und mindestens eines der Konstrukte, wie Selbstwirksamkeit, Entscheidungsbalance, Prozesse und Stufeneinteilung verwendeten. Die Autoren kommen zu dem Ergebnis, dass sich die Konstrukte Selbstwirksamkeit, Prozesse und Entscheidungsbalance gemäß der theoriegeleiteten Vorhersage über die 5 bzw. 6 Stufen des TTM verändern und die Stufenzugehörigkeit mit dem entsprechenden Umfang der körperlichen Betätigung übereinstimmt. Damit konnte die Konstruktvalidität des TTM im Bereich körperlicher Aktivität belegt werden.

Auch Prochaska und DiClemente (1983) konnten mit ihrer Studie mit N=872 Exrauchern zeigen, dass die unterschiedlichen Stufen der Teilnehmer in ihrem Verhaltensänderungsprozess gemäß dem TTM genutzt wurden. Zusammenfassend lässt sich sagen, dass in Stufe 1 keinerlei Strategien genutzt wurden und die Ignorierung des Problems im Vordergrund stand. In Stufe 2 das Bewusstwerden über das Risikoverhalten vordergründig war und die Probanden auch in Stufe 4 die Selbstbeurteilung betonen. In Stufe 4 berichten die Teilnehmer von Selbstbefreiung, über helfende Beziehungen, die sie unterstützten sowie über Verstärkungsmethoden (z.B. Belohnung), die ihnen auf dem Weg zur Verhaltensänderung hilfreich waren. Zudem nutzten die Probanden in Stufe 4 und Stufe 5 die Strategien der Gegenkonditionierung und Stimuluskontrolle.

Aufgabe 2

2.1 Theorie des geplanten Verhaltens

Die Theorie des geplanten Verhaltens (Theory of planned behavior/ TPB) von Ajzen (1991) ist eine Erweiterung der Theorie des überlegten Handelns (Theory of reasoned action/ TRA), die Ajzen zusammen mit Fishbein (1975) erstmalig entwickelte. Beide Theorien wurden bereits metaanalytisch untersucht und konnten erfolgreich auf gesundheitspsychologische Fragestellungen übertragen werden. Das Verhalten einer Person wird durch die Intention, auch als Intent bezeichnet (d.h. die Verhaltensabsicht) determiniert. Die Intention ist, wie in Abbildung 2 dargestellt, von drei Faktoren abhängig: der sozialen bzw. subjektiven Norm, der Einstellung gegenüber dem Verhalten und der wahrgenommenen Verhaltenskontrolle (Lippke & Renneberg, 2006, S.41).

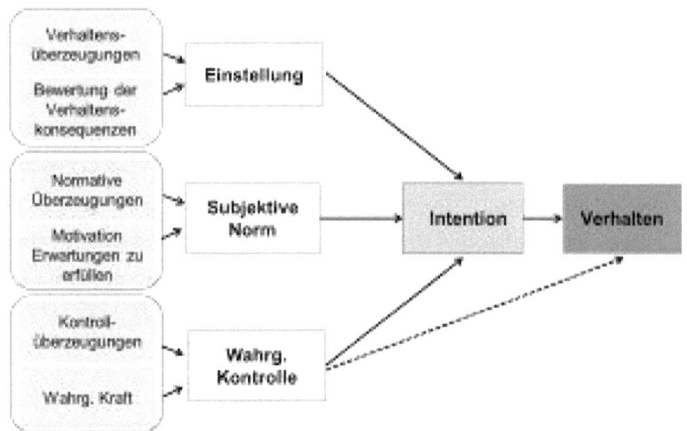

Abbildung 2: Theorie des geplanten Verhaltens

(Quelle: Montano & Kasprzyk, 2015, S.98)

Nach der TPB sind Intentionen der direkte Verhaltensprädiktor auf unterschiedlichste Weise und nicht nur für gesundheitliche Verhaltensweisen. Das Verhalten einer Person wird diese eher dann umzusetzen, wenn sie eine starke Intention damit verbindet und das Verhalten kontrollieren kann. Die Absichtsbildung wird anhand verschiedener Überzeugungen in Bezugnahme auf das umzusetzende Verhalten vorgenommen (Montano & Kasprzyk, 2015). Die drei Determinanten, die in Abbildung 2 dargestellt sind, wirken auf die Intention wie folgt: Die **Einstellung** wird durch Verhaltensüberzeugungen, d.h. von Überzeugungen über Verhaltenskonsequenzen und Bewertungen der Verhaltenskonsequenzen beeinflusst und der damit verbundenen persönlichen Bedeutung. Die **subjektive Norm** wird durch normative Überzeugungen, d.h. durch Überzeugungen über die Erwartungen signifikanter wichtiger Bezugspersonen sowie der Einwilligungsbereitschaft geformt. Zusätzlich wird diese gewichtet durch die jeweilige Motivation diese Erwartungen zu erfüllen. Die **wahrgenommene Verhaltenskontrolle** wird durch Kontrollüberzeugungen und der subjektiven Stärke, mit den internalen und externalen Faktoren des Verhaltens behindert oder gefördert (Ajzen, 2006). Eine erweiterte Überzeugung wird durch weitere externale Variablen, wie z.B. Alter, Geschlecht, Beruf, Persönlichkeitsfaktoren usw. gebildet. Diese Determinante weist Parallelen mit der Selbstwirksamkeitserwartung aus der sozial-kognitiven Theorie von Bandura auf (Frey, Stahlberg & Gollwitzer, 1993; Ajzen, 2006). Zusammenfassend lässt sich sagen, dass Menschen immer dann ein spezifisches Verhalten ausführen, wenn ihre persönliche Bewertung diesem Verhalten gegenüber positiv ist (Einstellung) und davon ausgehen, dass wichtige Bezugspersonen diesem Verhalten zustimmen (subjektive Norm) und sie wissen, dass die erforderlichen Ressourcen und Möglichkeiten, um dieses Verhalten auszuführen, gegeben sind (wahrgenommenes Verhaltenskontrolle). Wichtig ist, dass das Verhalten nicht unüberlegt ist oder aus einem Affekt heraus entsteht, sondern dem Verhalten gehen bewertendes Abwägen über mögliche Folgen bzw. Konsequenzen sowie Planungsüberlegungen voraus (Graf, 2007, S.35).

2.2 Impact und Intent in Bezug auf den Umweltschutz

Im Folgenden werden die Begriffe Intent und Impact in Bezug auf das Umweltverhalten definiert. Intent beschreibt die Absicht einer Person ein zielgerichtetes Umweltverhalten anzuwenden, um die Umwelt zu schützen. Subjektiv wird dieses Verhalten als zielführend für den Umweltschutz betrachtet (Stern, 2000). Allerdings wird das intent-orientierten Umweltverhalten als relativ unbedeutend kritisiert, da es durch die einzelnen Verhaltensweisen (z.B. Recycling, Strom- oder Wassersparen) einen zu geringen Einfluss auf die ökologische Wirkung erzielt und zudem die Forschung zur umweltbewussten Verhaltensänderung fehlleitet, da daraus die Annahme entsteht, dass es keine ökologische Entlastung bringt (Kaiser & Henn, 2017). Diese Fehleinschätzung des Umweltverhaltens zeigt auch auf, das absichtsvolles Verhalten (Intent) nicht immer das auswirkungsstärkste Verhalten (Impact) ist (Kennedy, Krahn & Krogman, 2015). Impact-orientiertes Umweltverhalten hingegen konzentriert sich auf solches Verhalten, dass eine möglichst große ökologische Wirkung hat. Das heißt, der Impact spiegelt die Auswirkungen von umweltbewussten Verhalten und zeigt auf, inwiefern die Struktur des Ökosystems davon beeinflusst wird (Stern, 2000). Der Impact kann in zwei unterschiedlichen Formen vorkommen. Zum einen gibt es den direkten Impact, der durch das Verhalten eine direkte Veränderung in der Umwelt auslöst, wie beispielsweise das Fällen von Bäumen. Zum anderen gibt es den indirekten Impact, der sich nicht unmittelbar auf die Umwelt auswirkt, wie beispielsweise eine vegetarische Lebenseinstellung, die versucht die Nachfrage nach Fleisch zu reduzieren und damit den CO_2- Ausstoß bzw. Treibhausgase zu minimieren (Gatersleben, Steg & Viek, 2002). Die beiden Faktoren Intent und Impact können anhand des Konsumverhaltens gemessen werden, indem soziale und ökologische Auswirkungen sichtbar werden, wie beispielsweise der ökologische Fußabdruck. Der ökologische Fußabdruck stellt den Verbrauch eines Haushaltes dar, wie z.B. Abfall, Strom, Wasser, Ernährung, Wohnfläche usw. Des Weiteren ist es möglich den Intent und Impact über den CO_2- Ausstoß zu messen (Moser & Kleinhückelkotten, 2018).

2.3 Umweltbewusstes Verhalten anhand der Theorie des geplanten Verhaltens

Das folgende Kapitel behandelt anhand des folgenden Beispiels das umweltrelevante Verhalten mittels des TPB. Es geht um eine Person, der Umweltschutz wichtig ist und sich aus umweltbezogener Sorge bevorzugt mit regionalen Nahrungsmitteln ernährt und nun eine Flugreise in den Urlaub plant. Zunächst soll daher der Impact einer Flugreise und der Impact die regionale Ernährungsweise auf die CO_2-Emission ermittelt und gegenübergestellt werden. Nach dem Umweltbundesamt (UBA, 2022) sind Flugzeuge der größte Klimasünder der Fortbewegungsmittel. Der Flugverkehr sorge zum einen für direkte CO_2-Emissionen, zum anderen aber auch für Stickoxide und treibhauswirksame Gase, wie Ozon und Methan, sowie Wasserdampf in hohen Luftschichten. Nach UBA (2022) gibt eine Flugreise von Deutschland nach Sydney so viel CO_2 ab, wie die 4-jährige Nutzung eines durchschnittlichen PKWs. Nach dem aktuellen Europäischen Luftfahrt- Umweltbericht der European Union Aviation Safety Agency (EASA, 2022, S.9-10) erreichten alle abgehenden Flüge aller europäischen Flughäfen im Jahr 2019 147 Mio. Tonnen CO_2-Emissionen, dass 34% mehr als 2005 darstellt. Im Vergleich dazu ist die CO_2-Emission von einer regionalen Ernährungsweise nach dem Institut für Energie- und Umweltforschung Heidelberg (IFEU, 2020) klimafreundlicher. Allerdings sind es nicht die Nahrungsmittel, die meist eine hohe CO_2-Emission darstellen, sondern die Verpackungsarten (z.B. Glas, Plastik, Metall), die eine hohe Herstellungsenergie benötigen sowie lange Transportwege. Die höchsten CO_2-Emissionen haben Fleisch, Milch und Getreideprodukte, worin gleichzeitig auch das größte Einsparpotential liegt. Die Bevorzugung regionaler Nahrungsmittel allein habe demnach einen niedrigen Impact (Reinhardt, Gärtner & Wagner, 2020). Laut Department for Environment, Food and Rural Affairs (DEFRA, 2008, veröffentl. 2011) beträgt unser CO2-Fußabdruck 12,5 Tonnen im Jahr, wovon 1,07 Tonnen auf unsere Ernährung zurückgehen. Um sich folglich umwelt- und klimawirksam zu verhalten, müsste an den Verhaltensweisen angesetzt werden, die einen hohen Impact haben und die Umwelt schädigen (DEFRA, 2008 veröffentl. 2011).

2.4 Einflussgrößen der Theorie des geplanten Verhaltens auf umwelt- und personenbezogenes Verhalten

Im Folgenden wird nun das Umweltverhalten der Person auf das TPB-Modell übertragen und werden die Einflussgrößen: Einstellung, subjektive Normen und wahrgenommene Verhaltenskontrolle näher beleuchtet. Wird nun der Faktor *Einstellung* der Person betrachtet, lässt sich sagen, dass die Einstellung durch motivationale Aspekte und kognitive Beurteilungen gegenüber der Sache oder der Situation gebildet bzw. beeinflusst werden. Das Verhalten wird zudem angetrieben von Emotionen und Trieben. Schließlich bildet die kognitive Bewertung von positiven oder negativen Konsequenzen die Grundlage der

Einstellung zu den verschiedenen Handlungsoptionen. Wenn das Verhalten als positiv angesehen wird, ist die Wahrscheinlichkeit sehr hoch, dass dieses Verhalten ausgeführt wird (Bak, 2019). Das absichtsvolle Verhalten sich bewusst für regionale Lebensmittel zu entscheiden und sich entsprechend zu ernähren, könnte durch den Aspekt entstanden sein, dass die Familie der Person oder der Freundeskreis sich überwiegend durch regionale Produkte ernährt, weil sie z.B. dem regionalen Anbau mehr vertrauen und dem Essen eine höhere Haltbarkeit und Qualität zuschreiben. Zudem muss die Nahrung keine langen Transportwege zurücklegen. Außerdem kann auch eine Motivation dahingehend sein, dass ein befreundeter Landwirt mit der Dumping-Preispolitik mit konkurrierenden Discountern um seine Existenz kämpft und die Person ihn durch Kauf und Konsum seiner Produkte unterstützen möchte. Grundsätzlich ist der Intent sich mit regionalen Lebensmitteln zu ernähren eine gute Absicht, hat aber wie bereits zu Anfang gezeigt einen niedrigen Impact. Besonders wenn nicht gleichzeitig eine vegetarische und stark fleischbewusste Ernährungshaltung durchgeführt wird, da besonders die (Massen-)Tierhaltung und Fleischproduktion hohe CO_2-Emissionen aufweist (Reinhardt, Gärtner & Wagner, 2020). In Bezug auf die einmalige Flugreise hat die Person vermutlich die Einstellung, dass das einmalige Fliegen nicht stark ins Gewicht falle, da das Flugzeug auch ohne sie fliege und ihr der Jahresurlaub mit ihrem Partner sehr wichtig ist (traditioneller Aspekt). Außerdem könnten die umweltbedingten Auswirkungen einer Flugreise nicht bekannt sein.

Subjektive Normen haben ebenso starke Auswirkung auf das Verhalten, da die Person den Druck hat den Erwartungen zu entsprechen. Insbesondere, wenn die Person für sich bewertet, dass eine ihr wichtige Person (z.B. Partner oder Familie) beispielsweise etwas von einer regionalen Ernährungsweise hält und einmal im Jahr Wert auf eine Flugreise legt, dann werden die Verhaltensweisen positiv bewertet und das Verhalten wird mit hoher Wahrscheinlichkeit ausgeführt. Immerhin kann eine Flugreise ein gewisses Prestige ausstrahlen anstelle einer Reise mit dem eigenen PKW oder mit der Bahn. Gewisse Reiseziele sind auch nur schwer mit alternativen Reisemitteln zu erreichen und setzen eine Flugreise voraus. Häufig ist eine Flugreise auch zeitlich besser mit dem eigenen Urlaub zu vereinen, da eine tage- oder wochenlange Reise mit anderen Verkehrs- oder Reisemitteln den zeitlich begrenzten Rahmen dafür sprengen würde.

Der dritte intentionale Faktor ist die **wahrgenommene Verhaltenskontrolle** und meint, die eigene Einschätzung die notwendigen Ressourcen zu haben, um das geplante Verhalten realisieren zu können. Je höher nun die Person im voran genannten Beispiel der Überzeugung ist und die Möglichkeiten sieht, sich vorzugsweise regional zu ernähren, desto eher wird sie die Verhaltenskontrolle wahrnehmen, diese Ernährungsweise auch in die Realität umzusetzen. Beispielsweise informiert sich die Person über Wochenmärkte in ihrer Gemeinde und erfährt von einer Nachbarin, dass der Supermarkt nun auch regionale Produkte führt. Außerdem hat ihr Partner Beziehungen zu einem Landwirt, der frische Produkte aus der Direkternte auf seinem Hof verkauft. In Bezug auf die Flugreise könnte die Person denken, dass wenn Sie nun auf die Flugreise verzichtet, das Flugzeug auch ohne sie fliegen wird und sie daher wenig durch den Verzicht auf die Flugreise bewirken kann. Zudem gestaltet es sich für sie als eher kompliziert ein anderes Transportmittel zu wählen, um an ihren gewünschten Urlaubsort zu gelangen.

Aufgabe 3

3.1 Stufenmodell der psychosozialen Entwicklung

Das Stufenmodell der psychosozialen Entwicklung wurde 1970 von Erikson konzipiert. Das Modell ist in acht unterschiedlichen und altersabhängigen Entwicklungsstufen, vom Säugling bis zum Erwachsenen, unterteilt und beschreibt die psychosoziale Entwicklung des Menschen. Jede Entwicklungsstufe birgt mögliche Wünsche, Krisen oder Bedürfnisse, die das Individuum durchlaufen muss, um im Prozess zur nächsthöheren Entwicklungsstufe zu gelangen. Gelingt es dem Individuum nicht eine Stufe erfolgreich zu bewältigen, werden die damit zusammenhängenden Probleme mit in die nächste Stufe übertragen. Die Stufen von Erikson werden sehr dichotom dargestellt und bieten immer Extreme, wie z.B. Vertrauen vs. Misstrauen. Allerdings sind die Stufen nicht so scharf zu sehen, sondern dienen eher einem Kontinuum, wobei eine Person zwischen beiden Richtungen hin- und herbewegen kann. Es ist daher immer sowohl eine Verbesserung als auch eine Verschlechterung möglich (Erikson, 1973). Im Folgenden werden die Stufen 1 – 8 nach Erikson (1973) erläutert:

Stufe 1: Ur-Vertrauen vs. Misstrauen (1. Lebensjahr) Erikson beschreibt das Urvertrauen mit einem Gefühl von „sich-verlassen-dürfen". Damit ist gemeint, dass das Kind auf seine Bezugsperson angewiesen ist und sich auf diese verlassen muss. Besonders die Bindung der Mutter und die regelmäßige Nahrungszufuhr spielen eine bedeutende Rolle. Werden dem Kind in dieser Stufe allerdings Zuwendung, Nahrung, Wärme und Geborgenheit verweigert, wirkt sich dies als lebensbedrohlich für das Kind aus. Es können sich Ängste entwickeln. Zudem kann das Kind das Gefühl bekommen, seine Umwelt nicht beeinfluss zu können und ihr hilflos ausgeliefert zu sein. Dies führt dann ins Ur-Misstrauen. Körperlich kann dies in oralen Charakterzügen zeigen, wie z.B. Reizhunger, um innere Leere zu füllen (Lohaus & Vierhaus, 2019).

Stufe 2: Autonomie vs. Scham und Zweifel (2.-3. Lebensjahr) Erikson beschreibt die Autonomieentwicklung als einen Prozess der durch entscheidende Verhältnisse, wie Liebe und Hass, Bereitwilligkeit und Trotz sowie

Selbstäußerung und Gedrücktheit, ausgestaltet ist. Es verhilft dem Kind zur Manifestierung eines positiven Selbstkonzeptes bzw. zu einer Identität, wonach das Kind ein intensives Vertrauen zu seiner Bezugsperson entwickelt. Das Kind erprobt sich in dieser Stufe seinen Willen durchzusetzen, ohne Gefahr zulaufen das gewonnene Vertrauen und das Geliebt werden, zu verlieren. Wird jedoch der Wille des Kindes permanent eingeschränkt, verknüpft das Kind seine Bedürfnisse als negativ und falsch und es stellen sich Scham und Zweifel ein. Durch die strenge Erziehung fixieren sich häufig zwanghafte Charakterzüge, wie z.b. Perfektionismus, Rechthaberei oder Putzzwang (Lohaus & Vierhaus, 2019).

Stufe 3: Initiative vs. Schuldgefühl (4.- 6. Lebensjahr) Erikson merkt an, dass das Kind bereits vor der nächsten Krise steht, nämlich hier dem Ödipuskomplex, wenn es keine Lösung für seine Autonomieprobleme findet. Die Symbiose zwischen Mutter und Kind wird lockerer und das Kind lernt die Bedeutung anderer Personen in seinem Leben kennen. Weiterhin geht es in dieser Stufe um die Moralentwicklung und der Entwicklung eines Gewissens. Sollte das Kind in seinen Trieben durch die Erwachsenen zu stark eingeschränkt werden, kann es sich zu einer starren, primitiven und grausamen Person entwickeln, da es seine Identität als gebrochen wahrnimmt und die Überzeugung entwickelt in seinem Wesen schlecht zu sein. Diese Fehlentwicklung fixiert sich meist in Angst und Schuldgefühlen. Zudem wird der eigene Wert nur mit Leistung verknüpft und es kommt zur Überkompensation ständig Leistung erbringen zu wollen (Lohaus & Vierhaus, 2019).

Stufe 4: Werksinn vs. Minderwertigkeit (6.Lebensjahr bis Pubertät) Erikson gewichtet in dieser Stufe die Wichtigkeit, dass Kinder das Gefühl entwickeln müssen, etwas Nützliches und Gutes zu machen, indem sie sich mit etwas beschäftigen und mit anderen zusammenarbeiten. Dadurch entwickelt sich der sogenannte Werksinn, der auch als Kompetenz bezeichnet werden kann. Gleichzeitig kann sich Minderwertigkeit in einem Kind manifestieren, wenn es ein Gefühl der Unzulänglichkeit verspürt. Es kann dabei zur Über- und Unterschätzung kommen. Hieraus entstehen oftmals Versagensängste oder Pflichtversessenheit und erhöhter Leistungstrieb (Lohaus & Vierhaus, 2019).

Stufe 5: Identität vs. Identitätsdiffusion (Jugendalter) Erikson beschreibt die Identität als das Bewusstsein, dass ein Kind entwickelt hat und weiß, wer es ist und wie es in die Gesellschaft passt. Es bildet sich ein Selbstbild, das gesellschaftlich normgebend und tolerabel ist. Ist die Identität nicht ausgereift, kann der Jugendliche Abgrenzungsprobleme entwickeln und keine eigene Meinung bilden bzw. äußern. Entwickelt der Jugendliche keine eigene Identität, entwickelt dieser nach Erikson Zurückweisung. Dies führt meist zu gesellschaftlichen Rückzug. Wird diese Krise durch den jungen Menschen erfolgreich ausbalanciert, kann er sich mit der Gesellschaft identifizieren und entwickelt die Fähigkeit der Treue. Eine Fixierung dieser Stufe zeigt sich in Unruhe und unbefriedigter Identität (Erikson, 1973).

Stufe 6: Intimität und Solidarität vs. Isolation (frühes Erwachsenenalter) Erikson beschreibt diese Stufe mit dem Erlangen einer gewissen Intimität. In dieser Stufe knüpft der junge Mensch Kontakte zu Gemeinschaften, Freundschaften oder Liebesbeziehungen in einem gesunden Maß. Es entwickelt sich daraus die Fähigkeit zur Liebe. Im Gegensatz dazu kann es zur völligen Isolation kommen, wenn der junge Mensch keinen Wert im Aufbau von zwischenmenschlichen Beziehungen sieht. Hier fällt es den Betroffenen schwer Unterschiede und Widersprüche zu akzeptieren und es kann zu einer Fixierung in Form von Selbstbezogenheit, Selbstaufopferung und sozialer Isolation kommen (Erikson, 1973).

Stufe 7: Generativität vs. Stagnation und Selbstabsorption (Erwachsener) Erikson meint mit Generativität ein gewisses Generationsdenken. Beispielsweise sich um künftige Generationen zu kümmern, wie z.B. durch soziales Engagement oder das Großziehen der eigenen Kinder. Das Gegenteil ist die Stagnation, die meint, sich nur um sich selbst zu kümmern, was dazu führt, dass andere uns ablehnen und wir andere. Schließt das Individuum die Stufe erfolgreich ab, hat es die Fähigkeit für eine ausbalancierte Fürsorge erlangt. Die Stufe zeigt sich in der Fixierung einer übermäßigen Bemutterung, Langeweile oder in zwischenmenschlicher Verarmung (Lohaus & Vierhaus, 2019).

Stufe 8: Integrität vs. Verzweiflung (reifes Erwachsenenalter) Erikson sieht in dieser Stufe den Lebensrückblick als eine wichtige Komponente an. Die erfolgreiche Bewältigung dieser Stufe liegt darin zu akzeptieren, was das Individuum in seinem Leben getan hat und was aus ihm geworden ist und den eigenen Tod nicht zu fürchten. Im Gegensatz dazu kann Angst vor dem Tod Verzweiflung auslösen oder zu Verachtung dem Leben gegenüber führen, wenn der Mensch sein gelebtes Leben nicht mit den gemachten Fehlern und Erfolgen, annehmen kann. Schafft der Mensch jedoch die Stufe erfolgreich zu bewältigen, kann er Weisheit erlangen und dem Tod ohne Angst begegnen. Die Fixierung dieser Stufe ist durch Abscheu vor sich selbst und anderen Menschen gekennzeichnet sowie durch unbewusste Todesfurcht (Erikson, 1973).

3.2 Vergleich der Entwicklungsmodelle von Erikson vs. Freud

Nach Lohaus & Vierhaus (2019) ergänzen sich die beiden Modell der beiden Psychoanalytiker. Erikson zählt zum Vertreter der Ich-Psychologie und nutzt Freuds Modell als Grundlage um die psychologische Dimension der Ich- und Identitätsentwicklung. Zudem berücksichtigt Erikson dabei das menschliche Leben von der Geburt bis ins hohe Erwachsenenalter. Freuds Phasenmodell reicht vom 1. Lebensjahr bis zur genitalen Reife (ca. 20.-45. Lebensjahr) und konzentriert sich dabei stark auf die unbewussten psychosexuellen Phasen eines Individuums (Conzen, 2020). In der folgenden Tabelle 3 werden die beiden Entwicklungsmodelle gegenübergestellt.

Altersstufe	Psychosoziale Krisen (Erikson)	Psychosexuelle Phasen (Freud)
1.Lebensjahr	Vertrauen vs. Misstrauen	Orale Phase
2.-3. Lebensjahr	Autonomie vs. Scham u. Zweifel	Anale Phase
4.-5. Lebensjahr	Initiative vs. Schuldgefühl	Phallische Phase
6.-11. Lebensjahr	Werksinn vs. Minderwertigkeit	Latenzphase
12.-19. Lebensjahr	Identität und Ablehnung vs. Identitätsdiffusion	Pubertät
20.-45. Lebensjahr	Intimität und Solidarität vs. Isolierung	Reife / Genitalität
45.-65. Lebensjahr	Generativität vs. Stagnation und Selbstabsorption	
ab 65. Lebensjahr	Integrität vs. Verzweiflung	

Tabelle 3: Gegenüberstellung der Entwicklungsmodelle: Erikson & Freud

(Quelle: In Anlehnung an Erikson, 1973; Ermann, 2015)

Erikson widmet sich in seinem Stufenmodell auch anderen Entwicklungsphänomenen, wie z.B. der Denk- und Einstellungsveränderung, den sozialen Verbindungen, der Abwehrhaltung sowie der Gewissensentwicklung und der Treue bzw. Fürsorge. Er beschreibt zudem den Identitätsbegriff eher ganzheitlich und unterteilt diesen nicht, wie Freud in seinem psychosexuellen Phasenmodell in ICH, ES und ÜBER-ICH (Conzen, 2020). Erikson arbeitet in seinem Stufenmodell auch den Ablöseprozess im Jugendalter heraus und stellt die Individualität in den Vordergrund. Während Freud eher Autoritätsdefizite und sexuelle Neigungen hervorhebt (Ermann, 2015). Greve und Thomsen (2019) verdeutlichen den Kontext-Unterschied, der sich bei Erikson in dichotom-angeordneten Stufen seines Modells beschreiben lässt, worin eine Person jeweils verschiedene Krisen durchlaufen (z.B. Integrität vs. Verzweiflung) muss, um so in ihrer Identität und Persönlichkeit zu reifen. Freud hingegen erachtet in seinem Phasenmodell nur einen Entwicklungspfad als entscheidend. Conzen (2020) betont die Ergänzung von Erikson durch die Berücksichtigung sozialer Verknüpfungen und politischen Aspekten zum psychosexuelle Phasenmodell von Freud. Da Freud der Auffassung war, dass das Individuum mit und in sich Prozesse durchläuft und von der Umwelt separat zu sehen ist. Erikson gibt in seinem Stufenmodell zu erkennen, dass die Gesellschaft einen wesentlichen Beitrag und Einfluss auf psychosoziale Prozesse hat und somit die Außenwelt nicht isoliert von einer Person betrachtet werden darf, sondern mit ihr gemeinsam agiert (Conzen, 2020).

3.3 Forschungsstand des Entwicklungsmodells im Kontext von Gesundheit im Alter

Westermeyer (2004) wollte in einer Studie, die Lebenszyklustheorie von Erikson anhand von 86 Männer im Alter von 21 Jahren prospektiv untersuchen. 32 Jahre später fand im Alter von 53 Jahren eine neue Messung und Neubewertung der Männer statt. Es erreichten 48 Männer, was 56% entspricht, die Stufe der Generativität. Die Ergebnisse zeigten, dass Generativität signifikant mit Berufserfolg, guten freundlichen Kontakten, langanhaltenden Partnerschaften und Ehen sowie psychischer Stabilität verbunden war. Diese Parameter deckten sich mit den Prädiktoren in Eriksons Stufenmodell, da die Stufe des jungen

Erwachsenenalters in der Lebensmitte von Erikson ein gutes familiäres Umfeld zählt und gepflegte zwischenmenschliche Beziehungen. Eine weitere Studie ist von den Forschern Goodcase und Love (2017). Sie untersuchten ältere Menschen und deren Sicht auf ihr Leben in Bezug auf ihre Umwelt und setzten dazu die narrative Therapie ein. In narrativen Interviews bzw. Erzählungen werden die geschilderten Ereignisse und deren Bedeutung bzw. Sinn versucht festzustellen, um diese dann neu zu bewerten und kognitiv ein Umdenken anzuregen (Misoch, 2019, S. 37). Im Fokus lag dabei die letzte Entwicklungsstufe von Erikson (Integrität vs. Verzweiflung), die als Basis zur Entwicklung für mehrere Konzepte diente, um die Sicht der älteren Menschen zu verändern. Beispielsweise bediente sich das Externalisierungsmodell einzigartiger Ereignisse und Formen des Wiedererinnerns, um verdrängte Geschichten neu zu bewerten und damit die Integrität zu fördern. Wobei Integrität in Eriksons Modell in einer positiven Bewertung ihres gesamten Lebens sieht, Weisheit zu erlangen und weniger Angst vor dem Tod zu haben. Wie bereits in Kapitel 3.1 unter Stufe 8 erläutert, stehen bei nicht-erfolgreicher Bewältigung dieser Stufe Depressionen, Wut und Verbitterung bzw. Verzweiflung. Den Forschern gelang es durch die narrative Methode und der Integration des Modells von Erikson den älteren Personen zu mehr Integrität zu verhelfen (Goodcase & Love, 2017).

Malone, Liu, Vaillant, Rentz und Waldinger (2016) untersuchten in einer Längsschnittstudie, wie die kognitive und emotionale Funktionsfähigkeit sich in der Lebensmitte des Entwicklungsmodells nach Erikson verhält. Gleichzeitig wurde geschaut, ob Depressionen in der mittleren Lebenshälfte damit in Zusammenhang gebracht werden können. Mittels Interviews hat die Studie 159 Männer im Alter von 30-47 Jahren befragt. Im hohen Alter von 75-85 Jahren wurde die Messung wiederholt. Es wurden kognitive Parameter und das Gedächtnis untersucht. Depressionen wurden anhand der Geriatic Depression Scale gemessen. Die Ergebnisse zeigten, dass eine höhere psychosoziale Entwicklung zu einer besseren kognitiven Funktion und Kontrolle sowie geringeren Depression zusammenhing. Kein Zusammenhang hingegen zeigte sich hinsichtlich der Variable Gedächtnis und dem Modell von Erikson.

3.4 Nutzen des Stufenmodells von Erikson für Gesundheitspsychologen

In der entwicklungspsychologischen Arbeit könnte beispielsweise ein Gesundheitspsychologe Beratungen bei Eltern anbieten, die sich wegen auffallender Verhaltensweisen an einen Experten wenden, um ihr Kind entwicklungspsychologisch und altersentsprechend zu unterstützen. Anhand der Schilderungen der Eltern könnte der Psychologe eine Einschätzung vornehmen, in welcher Entwicklungsstufe ggf. Erziehungsfehler oder Ereignisse zu gewissen Verhaltensweisen geführt haben könnte. Das Coaching könnte die Eltern dann darin unterstützen, was sie in der Erziehung besser machen können. Außerdem könnte das Stufenmodell in der Suchtberatung von Nutzen für Gesundheitspsychologen sein. Es könnte den Suchtkranken Aufschluss über die Ätiologie ihres Verhaltens geben, da Suchtkranke mit ihrer Sucht oftmals etwas aus der Vergangenheit kompensieren. Beispielsweise kompensieren Übergewichtige ihre innere Leere mit Essen und Esssucht. Der Drogenabhängige oder der Alkoholiker kompensieren traumatische Ereignisse oder negative Gefühle mit den gesundheitsschädlichen Substanzen, um sie zu verdrängen und sich zu betäuben. In der gesundheitspsychologischen Beratung könnte der Coach aufdecken, in welcher Entwicklungsstufe ggf. Defizite aufgetreten sind und warum es heute zu solchen exzessiven Verhaltensweisen kommt.

Auch hat die Studie bzw. die narrative Therapie von Goodcase und Love (2017) eindrucksvoll gezeigt, dass beispielsweise die letzte Stufe des Stufenmodells (Integrität vs. Verzweiflung) bei älteren Menschen zu mehr Zufriedenheit und innerer Weisheit führen kann, da sie durch die narrativen Erzählungen aus ihrem Leben dieses neu bewerten können und es akzeptieren bzw. annehmen lernen. Dadurch konnte den alten Menschen ein großer Teil ihrer Angst und Verzweiflung vor dem Tod genommen werden.
Ebenso denkbar wäre der Einsatz des Modells zur Identifikation für Jugendliche, die an mangelndem Selbstwertgefühl leiden und sie in ihrer Identitätsentwicklung zu unterstützen. Hier könnte geschaut werden auf welcher der Entwicklungsstufen eine Krise nicht gut bewältigt wurde und ob dies zu dem jungen Menschen und seiner Umwelt bzw. Erziehung und Herkunftsfamilie

passen könnte. Allgemein lässt sich sagen, dass das Stufenmodell von Erikson dem Gesundheitspsychologen, je nach Alter oder Problemlage, eine hilfreiche Grundlage bietet, um mögliche Entwicklungsstufen einschätzen zu können, wo mögliche Krisen nicht erfolgreich bewältigt wurden. Je nach Entwicklungsstand und Problem kann dann gezielt eine Intervention erfolgen, um das Individuum zu unterstützen und seine Sicht zu verändern und Zusammenhänge verstehen zu lernen, wenn es das Alter zulässt. Beispielsweise, dass bei einer ständigen Abwertung und Leistungsforderung der Eltern gegenüber ihrem Kind, einen hoher Versagensdruck und Angst erzeugt werden kann, dass später im Berufsleben zum Workaholic führen kann oder sich in völliger Resignation zeigt. Häufig sind das Erkennen und Verstehen möglicher Ursachen bereits der erste Schritt zu einer Besserung. Das Entwicklungsmodell von Erikson (1973) bietet daher ein gutes und hilfreiches Gerüst zur Orientierung für eine gute Beratungsgrundlage und zu einer effektiven Interventionsplanung.

Literaturverzeichnis

Adams, J. & White, M. (2005): Why don`t stage-based activity promotion interventins work? Health Education Research, 20 (2), 237-243.

Ajzen, I. (1991): The Theory of Planned Behavior. Organizational Behavior and Human Decision Processes, 50, 179-211.

Ajzen, I. (2006): Behavioral Interventions Based on the Theory of Planned Behavior. Online verfügbar unter: http://www.people.umass.edu/aizen/pdf/tpb.intervention.pdf, Zugriff am: 04.12.2022.

Bak, P.M. (2019): Lernen, Motivation und Emotion: Allgemeine Psychologie II – das Wichtigste, prägnant und anwendungsorientiert. (Angewandte Psychologie Kompakt) Springer Verlag: Heidelberg.

Bandura, A. (2004): Health promotion by social cognitive means. Health Education & Behavior, 31 (2), 143-164.

Becker, M.H. (1974): The health belief model and personal health behavior. Thorofare, Slack: NJ.

Biddle, S.J.H. & Mutrie, N. (2001): Psychology of physical activity: Determinants, well-being and interventions. Routledge: London.

Brug, J.; Conner, M., Harré, N.; Kremers, S.; McKellar, S. & Whitelaw, S. (2005): The transtheoretical model and stages of change: A critique. Observations by five coomentators on the paper by Adams, J. and White, M. (2004) Why don´t stage-based activity promotion interventions work? Health Education Research, 20 (2), 244-258.

Bundeszentrale für gesundheitliche Aufklärung- BZgA (2006): Leitfaden zur Kurzintervention bei Raucherinnen und Rauchern. Köln: Bundeszentrale für

gesundheitliche Aufklärung (BZgA). Zugriff am: 11.11.2022 unter
https://service.bzga.de/pdf.php?id=297e3e1aaab1da4e92d9d72ec52c7d09.

Contento, I.; Balch, G.I.; Bronner, Y.L.; La Lytle; Maloney, S.K.; Olson, C.M. et al. (1995): The effectiveness of nutrition education and implications for nutrition education policy, programs, and research: a review of research. Journal of nutrition education (USA).

Conzen, P. (2020): Erik H. Erikson. Grundpositionen seines Werkes, 2. Auflage. Verlag W. Kohlhammer: Stuttgart.

Department for Environment, Food and Rural Affairs (DEFRA) (2008, veröffentl. 2011): A Framework for pro-environmental behaviors. Online verfügbar unter: https:// assets.publishing.service.gov.uk/government/uploads/system/uploads/attach ment_data/file/243394/7399.pdf, Zugriff am: 04.12.2022.

Ermann, M. (2015): Freud und die Psychoanalyse. Entdeckungen. Entwicklungen. Perspektiven. 2. Auflage. Kohlhammer Verlag:Stuttgart.

Erikson, E.H. (1970): Jugend und Krise. Die Psychodynamik im sozialen Wandel. Klett Verlag: Stuttgart.

Erikson, E.H. (1973): Identität und Lebenszyklus. Drei Aufsätze (K. Hügel, Übers.), Suhrkamp- Taschenbuch Wissenschaft, Bd. 16. Suhrkamp: Frankfurt am Main.

European Union Aviation Safety Agency (EASA) (2022): Europäischer Luftfahrt-Umweltbericht 2022. und Empfehlungen. Online verfügbar unter: https://www.easa.europa.eu/eco/sites/default/files/2022-09/EnvironmentalReport_EASA_summary_DE_06.pdf. Zugriff am: 06.12.2022.

Finne, E. & Gohres, H. (2020): Psychologische Ansätze in den Gesundheitswissenschaften. In: Razum, O. & Kolip, P. (Hrsg.). Handbuch Gesundheitswissenschaften, 7. überarbeitete Auflage. (S.141-169). Beltz Juventa: Weinheim.

Fishbein, M. & Ajzen, I. (1975): Belief, attitude, intention, and behavior: An introduction to theory and research. Reading, MA: Addison-Wesley.

Frey, D.; Stahlberg, D.; Gollwitzer, P.M. (1993): Einstellung und Verhalten: Die Theorie des überlegten Handelns und die Theorie des geplanten Verhaltens. In: Frey, D. & Irle, M. (Hrsg.). Theorien der Sozialpsychologie, Kognitive Theorien, Bd.1, S. 361-384. Huber Verlag: Bern.

Gatersleben, B.; Steg, L. & Viek, C. (2002): Measurement and determinants of environmentally significant consumer behavior. Environment and Behavior, 34, 335-362.

Goodcase, E.T. & Love, H.A. (2017): From Despair to Integrity: Using Narrative Therapy for Older Individuals in Eriksons Last Stage of Identity Development. Clinical Social Work Journal, 45 (4), 354-363.

Graf, D. (2007): Die Theorie des geplanten Verhaltens. Online verfügbar unter: https://www. Researchgate.net/publication/226044306 , Zugriff am: 04.12.2022.

Greve, W. & Thomsen, T. (2019): Entwicklungspsychologie. Springer Fachmedien: Wiesbaden.

Kaiser, F.G. & Henn, L. (2017): Nicht alles Gold, was glänzt. Trugschlüsse umweltpsychologischer Verhaltensforschung. [All that glitters is not gold: Fallacies in environmental psychological behavior research]. Umweltpsychologie, 21 (1), 29-42.

Keller, S. (1999): Motivation zur Verhaltensänderung, Das transtheoretische Modell in Forschung und Praxis. Lambertus Forschung Verlag: Freiburg im Breisgau.

Keller, S.; Kaluza, G. & Basler, H.D. (2001): Motivierung zur Verhaltensänderung. Prozessorientierte Patientenedukation nach dem Transtheoretischen Modell der Verhaltensänderung. Psychomed, 13 (2), 101-111.

Keller, S.; Weimer-Hablitzel, B.; Kaluza, G. & Basler, H.-D. (2002): Einstellungen zur Raucherpolitikin Abhängigkeit vom Raucherstatus. Attitudes towards smoking policy and smoking status. Zeitschrift für Medizinische Psychologie, 11 (4), 177-184.

Kennedy, E.H.; Krahn, H. & Krogman, N.T. (2015): Are we counting what counts? A closer look at environmental concern, pro-environmental behavior, and carbon footprint. Local Environment, 20, 220-236.

Lippke, S. & Renneberg, B. (2006): Theorien und Modelle des Gesundheitsverhaltens. In: Renneberg, B. & Hammelstein, P., Gesundheitspsychologie. (S.35-60). Springer Medizin Verlag: Heidelberg.

Lohaus, A, & Vierhaus, M. (2019): Entwicklungspsychologie des Kindes- und Jugendalters für Bachelor, 4 vollständige überarbeitete Auflage. Springer Verlag: Heidelberg.

Malone, J.C., Liu, S.R., Vaillant, G.E.; Rentz, D.M. & Waldinger, R.J. (2016): Midlife Eriksonian psychosocial development: Setting the stage for late-life kognitive and emotional health. Developmental Psychology, 52 (3), 496-508.

Marks, D.F., Murray, B., Evans, B. & Willig,C. (2000): Tobacco and Smoking. In: Marks, D.F., Murray, B., Evans, B. & Willig, C. (Eds.): Health Psychology. Theory, Research and Practice. (pp. 422) Sage Publication: London.

Marshall, S.J. & Biddle, S.J.H. (2001): The transtheoretical model of behavior change: a meta-analysis of applications to physical activity and exercise. Annals of behavioral medicine, 23 (4), 229-246.

Misoch, S. (2019): Qualitative Interviews. 2. Auflage. DE Gruyter Oldenbourg: Berlin, Boston.

Montano, D.E. & Kasprzyk, D. (2015): Theory of reasoned action, theory of planned behavior, and the integrated behavioral model. In: Glanz, K., Rimer, B.K. & Viswanath, K. (Hrsg.). Health behavior. Theory, research and practice (S. 95-124). Jossey-Bass: San Francisco.

Moser, S. & Kleinhückelkotten, S. (2018): Good intents, but low impacts. Diverging importance of motivational and socioeconomic determinants explaining pro-enviromental behavior, energy use, and carbon footprint. Environment and Behavior, 50, 626-656.

Prochaska, J.O. & DiClemente, C.C. (1983): Stages and processes of self-change of smoking: toward an integrative model of change. Journal of consulting and clinical psychology, 51 (3), 390.

Prochaska, J.O., DiClemente, C.C. & Norcross, J.C. (1992): Stages of change in the modification of problem behaviors. In: Hersen, M.; Eisler, R. & Miller, P.M. (Hrsg.), Progress in Behavior Modification (Bd. 28, S.183-218). Sycamore: IL; Sycamore Publishing Company.

Prochaska, J.O.; DiClemente, C.C. & Norcross, J.C. (2003): In search of how people change: Applications to addictive behaviors. American Psychologist,

Prochaska, J.O.; Redding, C.A. & Evers, K.E. (2015): The transtheoretical model and stages of change. In: Glanz, K.; Rimer, B.K. & Viswanath, K. (Hrsg.). Health behavior. Theory, research and practice (S.125-148). Jossey-Bass: San Francisco.

Reinhardt, G.; Gärtner, S. & Wagner, T. (2020): Ökologische Fußabdrücke von Lebensmitteln und Gerichten in Deutschland. Institut für Energie- und Umweltforschung. Ifeu: Heidelberg.

Rosen, C.S. (2000): Ist he sequencing of change processes by stage consistent across health problems? A meta-analysis. Health psychology, 19 (6). 593.

Schwarzer,R. (1992): Self-efficacy in the adoption and maintenance of health behaviors: Theoretical approaches and a new model. In: Schwarzer, R. (Ed.), Self-efficacy: Thought control of action (pp.217-243). Taylor & Francis: Bristol, PA.

Stern, P.C. (2000): New environmental theories. Toward a coherent theory of environmentally significnat behavior. Journal of Social Issues, 56, 407-424.

Umweltbundesamt (UBA) (2022): Flugreisen. Online verfügbar unter: https://www.umweltbundesamt.de/umwelttipps-fuer-denalltag/mobilitaet/flugreisen , Zugriff am: 04.12.2022.

van Sluijs, E.M.F.; van Poppel, M.N.M. & van Mechelen, W. (2004): Stage-based lifestyle interventions in primary care: are they effective? American journal of preventive medicine, 26 (4), 330-343.

Westermeyer, J.F. (2004): Predictors and characteristics of Eriksons life cycle model among men: a 32-year longitudinal study. International Journal of Aging & Human Development, 58 (1), 29-48.